ALPHABET,

CATHOLIQUE

TIRÉ DE L'HISTOIRE DU NOUVEAU TESTAMENT.

NANCY,

Imprimerie de HINZELIN et Comp,

place du Marché, 67.

1850

NANCY, IMP. DE HINZELIN ET C^{c}.

A	*a*	a	B	*b*	b
C	c	c	D	*d*	d
E	e	e	F	*f*	f
G	*g*	g	H	*h*	h
I	*i*	i	J	*j*	j
K	*k*	k	L	*l*	l
M	*m*	m	N	*n*	n

O o o	P p p
Q q q	R r r
S s s	T t t
U u u	V v v
X x x	Y y y
Z z z	Æ æ OE oe W w Ç ç

é è ê ' - . , ; : ? ! § ( ) [ ]

1 2 3 4 5 6 7 8 9 0

A

ASCENSION

DE

N.S. JÉSUS-CHRIST.

Après les apparitions particulières que J.-C. fit à quelques-uns de ses disciples et à quelques femmes, il se fit voir à ses onze apôtres-réunis, et il leur reprocha de n'avoir pas cru ceux qui l'avaient vu ressuscité. — Et pour achever de leur ôter tout doute, il leur montra ses pieds, ses mains et son côté. Il mangea en leur présence un morceau de poisson rôti et un peu de miel. Thomas n'était pas alors avec eux; et lorsqu'il arriva, les autres lui dirent qu'ils avaient vu leur maître. Il leur répondit qu'il ne le croirait jamais, s'il ne voyait de ses yeux les marques des clous, et s'il ne les touchait du doigt. Jésus revint et les lui montra. Après quelques instans, il fut enlevé au ciel à leurs yeux. En montant, il étendit ses mains sur ses apôtres et les bénit.

B

BAPTEME

DE

JÉSUS-CHRIST.

Trente-deux ans s'étaient passés depuis la naissance de J.-C. Dieu voulant le tirer enfin de sa vie obscure et cachée, pour le manifester au monde, commença par tirer du désert saint Jean, qu'il avait destiné pour être son précurseur. Lors donc que tout Jérusalem allait fondre dans le désert pour se faire baptiser, J.-C. y alla aussi lui-même et se cacha parmi la foule. S. Jean étant frappé d'un profond respect, ne put presque se résoudre à verser l'eau sur le Sauveur pour le baptiser. Saint Jean, dit à J.-C. que c'était lui qui devait au contraire le baptiser, et qu'il le couvrait de confusion en voulant qu'il le baptisât. J.-C. ne lui répondit autre chose, sinon qu'il fallait qu'il s'humiliât jusque-là, et qu'en l'état où il était, il devait accomplir tous les devoirs de la justice.

C

CÈNE DE JÉSUS

AVEC

SES APOTRES.

Après toutes les prédications que J.-C. fit au peuple depuis son entrée à Jérusalem, comme il ne restait que peu de jours jusqu'à la fête de Pâque, il ordonna à ses disciples de préparer toutes choses. Lorsque tout fut disposé, le Sauveur entra dans une grande salle qu'il avait marquée à ses apòtres pour y faire la Cène. Après qu'il eut mangé l'agneau avec eux, avant que d'établir son Sacrement divin, il se rabaissa jusqu'aux pieds de ses disciples, et prenant de l'eau dans un bassin pour les laver, il les essuya d'un linge dont il s'était ceint. Il reprit ensuite ses habits, et s'étant remis à table, il prit du pain, le bénit, le rompit et le donna à ses disciples, en leur disant : Ceci est mon Corps. Il se donna à eux de ses propres mains, et il ne refusa pas cette grâce à Judas, quoiqu'il connût sa perfidie.

Après que J.-C. se fût fait voir à Magdeleine, il apparut pour la seconde fois aux saintes femmes. Elles se jetèrent à ses pieds, et J.-C. leur commanda d'aller trouver ses apôtres pour les assurer de sa résurrection, mais les apôtres prirent tout ce qu'elles leur disaient pour des rêveries. La troisième apparition est celle des deux disciples d'Emmaüs. Lorsqu'ils s'entretenaient en marchant de tout ce qui était arrivé au Sauveur, il leur demanda de quoi ils parlaient. Un d'eux s'étonna qu'il fût le seul qui ignorât ce qui s'était passé depuis peu à Jérusalem, touchant Jésus de Nazareth. Il entra avec eux dans une hôtellerie, et étant à table, il prit du pain, le bénit et le leur donna. Leurs yeux s'ouvrirent à ce moment, et ils reconnurent le Sauveur, qui disparut aussitôt, les laissant remplis d'étonnement.

E

ÉPIPHANIE.

Adoration des Rois

J.-C. étant né dans la Judée, fit aussi voir qu'il ne venait pas seulement au monde pour le peuple Juif, mais que sa grâce se répandait aussi sur les Gentils. Pour tirer ces peuples de l'idolâtrie et du culte des démons qu'ils adoraient, pendant que la seule Judée n'adorait que le vrai Dieu, il leur fit luire en naissant une étoile qui représentait au dehors la grâce qu'il répandait intérieurement dans leurs cœurs. Les mages ayant aperçu cette étoile dans l'orient, et reconnaissant qu'elle marquait la naissance du souverain roi des juifs, ils vinrent avec des présens dans la Judée pour lui rendre leurs hommages. Le roi Hérode, qui avait usurpé la domination sur ce peuple, assembla aussitôt tous les prêtres et les anciens du peuple, et il leur demanda en quel lieu le Christ devait naître.

F

FUITE

EN ÉGYPTE.

Le roi Hérode attendant trois jours les Mages pour savoir d'eux ce qu'ils auraient pu découvrir, crut, lorsqu'ils ne revenaient point, qu'ils s'étaient joués de lui ; c'est pourquoi il entra dans une étrange colère, et lorsqu'il entendit parler des merveilles que l'on avait dites sur cet enfant, il fit paraître ouvertement le dessein de tuer J.-C. Dieu envoya un ange dire à Saint Joseph qu'il prît promptement l'enfant et sa mère, parce qu'Hérode allait le faire chercher de toutes parts pour le perdre. Il prit au même instant Jésus et la sainte Vierge, pour aller dans une terre inconnue et abandonnée à l'idolâtrie, sans que l'ange se fût adressé à elle-même pour lui en apporter l'ordre. Ils ne pensèrent plus, l'un et l'autre, qu'à sauver J.-C. de la fureur d'Hérode.

G

GUÉRISON

D'UN

POSSÉDÉ

Après que J.-C. eût fait voir à ses disciples la puissance qu'il avait sur les éléments, en calmant la mer par une parole, il leur fit voir encore l'autorité qu'il avait sur les esprits malins, en délivrant plusieurs personnes qui en était possédées. C'était un homme qui ne demeurait plus depuis longtemps dans les maisons. Enfin le lieu où il habitait était devenu inaccessible à tout le monde. Mais dès qu'il vit J.-C., il changea cette fierté si brutale en une adoration pleine de respect et lui dit : Jésus, fils du Dieu Très-Haut, pourquoi venez-vous me tourmenter avant le temps ? J.-C. lui demanda quel était son nom. Il lui répondit qu'il s'appelait Légion, et le pria de le délivrer de cet homme. Ce démoniaque fut dès-lors parfaitement guéri, et J.-C. le renvoya en sa maison.

HÉRODE

INTERROGEANT JÉSUS.

Jésus-Christ étant entre les mains des juifs, on le mena d'abord à Anne, beau-père de Caïphe, qui était grand-prêtre cette année là. J.-C. fut mené de Caïphe chez Pilate. Ce gouverneur ayant appris que J.-C. était de Galilée, le renvoya à Hérode, qui en était le roi, qui était alors à Jérusalem. Il lui fit donc plusieurs questions auxquelles J.-C. ne répondit rien. Ce prince le méprisa, lui fit donner une robe blanche, et le renvoya à Pilate. Pilate ayant reçu le Sauveur, sortit une troisième fois pour dire aux juifs qu'il ne trouvait point de crime en J.-C., et qu'Hérode lui-même, auquel il l'avait envoyé, ne l'avait trouvé coupable de rien. Mais les juifs ayant résolu de perdre le Sauveur se mirent à crier: Crucifiez-le, crucifiez-le. Et Pilate ordonna que ce qu'ils demandaient fût exécuté.

I

INCRÉDULITÉ

DE L'APÔTRE

SAINT-THOMAS.

J.-C., pour assurer ses apôtres de la vérité de sa résurrection, mangea en leur présence un morceau de poisson rôti et un peu de miel. Thomas n'était pas alors avec eux. Huit jours après, J.-C parut encore au milieu de ses disciples, Thomas étant avec eux. Et après leur avoir donné sa paix, il fit bien voir qu'il ne se montrait à eux que pour guérir l'incrédulité, il dit à Thomas en lui présentant ses pieds et ses mains : Mettez votre doigt dans ces plaies et votre main dans mon côté ouvert, et ne soyez pas incrédule, mais fidèle. Thomas aussitôt éclairé dans l'âme, et croyant plus qu'il ne voyait, s'écria : Mon Seigneur et mon Dieu. Mais J.-C. lui dit : Vous avez cru, Thomas, parce que vous avez vu. Heureux ceux qui ne verront point et qui croiront.

J

JÉSUS

AU JARDIN

DES OLIVES.

Après que Judas fût sorti d'avec J.-C. pour exécuter le dessein qu'il avait concerté avec les juifs, le Sauveur fit aux apôtres un admirable discours. Il dit en même temps à saint Pierre que le démon avait demandé de le tenter, mais qu'il avait prié son Père pour lui. J.-C. lui prédisant qu'il le renoncerait trois fois avant que le coq chantât, il lui répondit qu'il ne le ferait jamais, et que loin de là il était prêt à aller avec lui en prison et même à la mort. J.-C. prit avec lui Pierre, Jacques et Jean, et leur dit qu'il était dans une tristesse mortelle, et il les exhorta à veiller avec lui pendant qu'il prierait, et il s'éloigna d'eux. Il pria son Père de ne lui point faire boire ce calice, que néanmoins sa volonté se fit. J.-C. entrant dans l'agonie, tomba le visage en terre.

K

KIRIE-ELEISON.

Implorez, mon âme, avec une entière confiance, la miséricorde de votre Dieu, dites hardiment et sans crainte d'être rebutée : Mon Seigneur et mon Dieu, faites-nous miséricorde ; ô mon Créateur ! ayez pitié de l'ouvrage de vos mains ; Père miséricordieux, faites grâce à vos enfants.

O mon Jésus ! mon aimable Sauveur, médiateur infiniment charitable, prenez compassion de nos misères, pardonnez-nous nos péchés, délivrez-nous de nos ennemis ; ô mon Dieu ! vous êtes toute mon espérance, toute ma force, toute ma consolation ; je vous supplie d'oublier toutes mes iniquités.

LAZARE

RESSUSCITÉ.

Le temps destiné pour la mort du Sauveur commençant à s'approcher, il semble qu'il l'avança en quelque sorte par la résurrection du Lazare. Et comme ce fut le plus éclatant de ses miracles, il excita aussi le plus d'envie dans l'esprit de ses ennemis. Lorsque le Lazare était encore malade en Béthanie, ses sœurs Marthe et Marie envoyèrent vers le Sauveur pour lui en donner avis. J.-C. se contenta alors de dire que cette maladie n'était que pour faire éclater davantage la gloire de Dieu. C'est pourquoi il demeura deux jours à dessein au même endroit pour donner lieu à la mort du Lazare. Ces deux jours étant passés, on le mena au sépulcre, d'où J.-C. fit ôter la pierre; et après avoir rendu gâces à Dieu par une prière qu'il lui adressa, il cria à haute voix : Lazare, sortez dehors!

M

MAGDELEINE

lavant les pieds

DU CHRIST.

Le bruit de la résurrection de ce jeune homme de Naïm, et de tant d'autres miracles de J.-C. se répandant de toutes parts, les disciples de saint Jean l'en entretinrent dans la prison où Hérode l'avait fait mettre. Magdeleine, ayant su que J.-C. était entré dans le logis de Simon le Pharisien pour y manger, y alla, et sans rougir de tant de témoins, se jeta à ses pieds, les embrassa, les baisa, les arrosa de ses larmes, les parfuma de ses parfums et les essuya de ses cheveux. Jésus, en se tournant vers la femme dit à Simon : Voyez-vous cette femme? Je suis entré dans votre maison ; vous ne m'avez point donné d'eau pour me laver les pieds, et elle au contraire a arrosé mes pieds de ses larmes ; vous ne m'avez point donné de baiser, mais elle, n'a cessé de baiser mes pieds.

N

NATIVITÉ
de
JÉSUS
à Bethléem.

Les oracles des prophètes étant accomplis, et le temps que Dieu avait marqué pour répandre sa miséricorde sur les hommes et pour donner un Sauveur au monde étant arrivé, il envoya l'ange Gabriel vers la sainte Vierge Marie, en Nazareth. Elle était mariée à saint Joseph, que Dieu lui avait donné pour être le gardien et le protecteur de sa pureté. Dieu honora ce mariage angélique du fruit le plus divin qui pouvait jamais paraître sur la terre. Ce fut dans ce dessein qu'il envoya l'ange Gabriel vers la sainte Vierge, il la trouva seule, la salua, l'appelant pleine de grâces. L'ange reconnut son trouble et lui dit : Ne craignez point Marie, car vous avez trouvé grâce devant Dieu, et il lui déclara le sujet de son ambassade. Il lui dit qu'elle enfanterait un fils qu'elle nommerait Jésus.

ORAISON

DOMINICALE.

Notre père qui êtes aux cieux, que votre nom soit sanctifié, que votre règne arrive, que votre volonté soit faite sur la terre comme au ciel ; donnez-nous aujourd'hui notre pain quotidien, et pardonnez-nous nos offenses comme nous pardonnons à ceux qui nous ont offensés, et ne nous laissez point succomber à la tentation, mais délivrez-nous du mal.

Ainsi soit-il.

✟

P

PURIFICATION

DE

NOTRE-SEIGNEUR.

Quarante jours après la naissance du fils de Dieu, la sainte Vierge étant trop humble pour se dispenser de la loi qui ordonnait au commun des femmes de se purifier, voulut bien se soumettre à une loi dont elle n'avait aucun besoin, comme J.-C., son fils, s'était soumis à celle de la circoncision, lui qui était la sainteté même. Après un enfantement si divin, qui ne l'avait rendue que plus pure et plus vierge, elle alla au temple avec son fils, prenant plaisir à se confondre avec le commun des femmes, pour apprendre à tous ceux qui voudraient l'imiter, à suivre en toutes choses l'ordre qui a été établi, sans en chercher de dispense. Comme la loi obligeait d'offrir à Dieu tous les premiers nés, ce fut alors que J.-C. étant offert par sa mère, s'offrit intérieurement à son père.

Q

QUATRE

ÉVANGÉLISTES.

Saint Mathieu, qui de publicain devint apôtre, fut le premier de ces évangélistes que Dieu a choisis pour écrire l'Evangile et l'Histoire de Jésus-Christ d'une manière toute divine. Il est souvent parlé de Marc dans les épîtres de St.-Paul. Mais il ne paraît pas néanmoins que ç'ait été celui-là qui ait été l'évangéliste, mais plutôt celui dont parle S.-Pierre et qu'il appelle son fils. St-Luc était d'Antioche, qui est la métropole de Syrie. Il n'a point été du nombre des douze apôtres, non plus que St.-Marc, mais un de leurs disciples. St-Jean était de la ville de Bethsaïde, fils de Zébédée et frère de St -Jacques, appelé le Majeur. Il fut appelé fort jeune et vierge à l'Apostolat, dit St-Jérôme, et il demeura toujours dans cet état saint. C'est pour cette raison qu'il fut le bien-aimé du Sauveur.

RÉSURRECTION

DE

JÉSUS-CHRIST.

Jésus-Christ étant dans le tombeau, les juifs ne furent pas satisfaits encore, et craignant qu'on ne publiât qu'il était ressuscité, ils allèrent trouver Pilate, lui dirent que cet imposteur avait dit, étant encore vivant, qu'il ressusciterait après sa mort; qu'ils le priaient donc de faire garder le sépulcre. Lorsque le sépulcre était ainsi gardé, et que la pierre qui le fermait était scellée, il se fit tout d'un coup un grand tremblement de terre. L'Ange du Seigneur descendit du ciel, ôta la pierre qui fermait le tombeau et s'assit dessus. Ses yeux brillaient comme un éclair, et ses vêtemens éclataient comme la neige. Les gardes qui veillaient auprès du sépulcre en furent frappés de terreur et devinrent comme morts. Ils retournèrent ensuite à Jérusalem et dirent ce qui était arrivé.

S

SAMARITAINE.

J.-C. voulant céder d'abord à l'envie des Pharisiens, qui avaient conseillé à Hérode de faire arrêter saint Jean, se retira alors de la Judée où il était venu, pour s'en retourner dans la Galilée. Il devait passer par la Samarie, et y convertissant une femme Samaritaine, il fit voir que c'est souvent en fuyant la colère du monde qu'on gagne plus d'hommes à Dieu. Cette femme étant venue puiser de l'eau à une fontaine, elle y trouva J.-C., qui lui demanda à boire. Cette femme s'étonna qu'un Juif s'adressât à une femme de Samarie, qui était un peuple que les Juifs avaient en horreur. J.-C. lui répondit que si elle connaissait le don de Dieu, et qui était celui qui lui demandait à boire, elle lui en aurait demandé elle-même, et qu'il lui aurait donné une eau qui n'était point comme les eaux de la terre.

TENTATION

DE

JÉSUS-CHRIST.

Jésus étant plein du S. Esprit, revint sur les bords du Jourdain, et il fut poussé par l'Esprit dans le désert. Il y demeura 40 jours et il fut tenté par le diable, car il ne mangea rien pendant tout ce temps-là ; et lorsque ces jours furent passés il eut faim. Alors le diable lui dit : Si vous êtes le fils de Dieu, commandez à cette pierre qu'elle devienne du pain, Jésus lui répondit : Il est écrit que l'homme ne vit pas seulement de pain, mais de toute parole de Dieu. Et le diable le transporta sur une haute montagne, d'où lui ayant fait voir en un moment tous les royaumes du monde, il lui dit : Si donc vous voulez m'adorer, toutes ces choses seront à vous. Jésus lui répondit : Il est écrit : C'est le Seigneur votre Dieu que vous adorerez, et c'est lui seul que vous servirez.

U

Jésus-Christ s'étant retiré du lieu où il avait nourri miraculeusement une si grande multitude de personnes, le peuple fut bien en peine le lendemain pour savoir ce qu'il était devenu. J.-C. s'étant retiré du côté de Tyr et de Sidon, une femme chananéenne, qui était sortie de ce pays-là, s'écria : Seigneur, fils de David, ayez pitié de moi; ma fille est misérablement tourmentée par le démon. Mais il ne lui répondit pas un seul mot; et ses disciples le priaient en lui disant : Accordez-lui ce qu'elle demande, afin qu'elle s'en aille, parce qu'elle crie après nous. Elle s'approcha de lui et l'adora, en lui disant : Seigneur, assistez-moi. Alors Jésus, répondant, lui dit : O femme votre foi est grande; qu'il vous soit fait comme vous le désirez. Et sa fille fut guéric à l'heure même.

VISITATION

DE LA VIERGE.

Après que la sainte Vierge se fût humiliée devant Dieu de la grâce singulière qu'elle venait d'en recevoir, elle apprit en s'humiliant ensuite devant les hommes, que ceux que Dieu favorise sont plus obligés à être humbles. Mais lorsqu'elle ne pensait qu'à s'abaisser profondément, sans rien découvrir à sa cousine, Dieu fit lui-même ce que sa modestie n'avait pas voulu faire. Sainte Elisabeth s'écria de joie, et se sentant confuse de voir venir à elle celle qu'elle commençait à regarder comme la mère de son Seigneur, elle lui donna de grandes louanges et admira la fermeté de sa foi. Mais la Vierge, qui ne s'était point élevée de ce que l'ange lui avait dit, ne s'éleva pas non plus de ce que lui dit sa cousine, elle regarda Dieu comme l'auteur de ses biens.

10ᵉ *lettre numérale romaine, composée avec les instruments de la passion.*

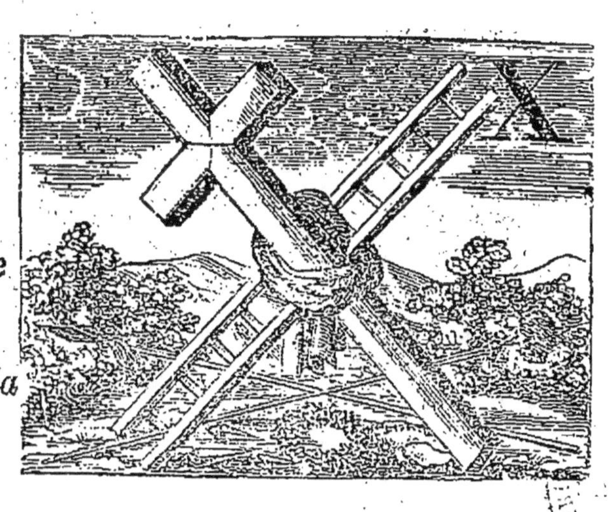

Les Juifs se voyant enfin maître de J.-C. ne différèrent pas longtemps à exécuter l'arrêt de mort qu'ils avaient eu tant de peine à obtenir, et leur fureur ne pouvant souffrir de retardement, ils le chargèrent de sa croix, et le firent sortir de la ville de Jérusalem pour aller au mont Calvaire, qui était le lieu destiné aux supplices des scélérats. Mais voyant que J.-C., dont le corps était abattu par tant de travaux, succombait sous un si grand fardeau qu'était la croix qu'ils lui avaient imposée, ils engagèrent un homme nommé Simon à la porter derrière le Sauveur, qui marcha ainsi jusqu'au Calvaire parmi les insultes de tout un peuple qui le suivait. J.-C. souffrit jusqu'à l'abattement, pour nous apprendre à ne nous point décourager dans des souffrances beaucoup moindres, et à persévérer.

YEUX

Après que J.-C. eût délivré par sa bonté la femme adultère, et qu'il se fût tiré par sa sagesse de ce piége que ses ennemis lui avaient dressé, il continua de prêcher au peuple, dans le temple, plusieurs vérités importantes, et de reprocher aux Pharisiens le dessein qu'ils avaient fait de le perdre. Lorsqu'il se retirait, il vit un homme qui était aveugle dès sa naissance. Ses Disciples lui demandèrent si cet homme avait péché ou ses pères, pour naître ainsi dans l'aveuglement? Il leur répondit que cet aveuglement n'était que pour manifester sa gloire. Il fit ensuite de la boue avec de la salive ; il la mit sur les yeux de cet aveugle, et l'envoya à la piscine de Siloé pour s'y laver. Il alla à la piscine, s'y lava et recouvra la vue. Tous ceux qui l'avaient vu aupavant, furent très-surpris lorsqu'ils le revirent.

Z

ZACHÉE

SUR LE SYCOMORE.

Les Pharisiens ayant su la résurrection de Lazare, et voyant avec douleur l'éclat que ce miracle avait fait, s'assemblèrent promptement pour délibérer entr'eux ce qu'ils devaient faire. Si nous laissons aller cet homme de la sorte, dirent-ils, tout le monde croira en lui ; et les Romains viendront se rendre maîtres de notre ville et de nos Etats. Dès ce jour-là, ils arrêtèrent sa mort entr'eux. Lorsqu'ils approchèrent de Jéricho, le premier d'entre les Publicains, nommé Zachée, entendit que J.-C. venait. Mais parce qu'il était petit, il courut devant les autres et monta sur un arbre. Le Sauveur levant les yeux dit à Zachée qu'il se hâtat de descendre, parce qu'il voulait ce jour-là aller demeurer chez lui. Zachée, donnant un exemple de l'obéissance que l'on doit à Dieu, descendit.

A B C D E F G H I J K L M N O P Q R S T
U V X Y Z

a b c d e f g h i j k l m n o p q r s t u v x y z

CONSONNES.	PONCTUATIONS.	
b c d f g h j k l m n p q r s t v x z.	Point	(.)
	Virgule	(,)
VOYELLES.	Point et virgule	(;)
	Deux points	(:)
a e i o u y pour deux i.	Point d'interrogation	(?)
	Point d'admiration	(!)
ACCENTS.	Apostrophe	(')
	Trait d'union	(-)
Accent circonflexe	(^)	Guillemet	(« »)
Accent grave	(`)	Astérisque	(*)
Accent aigu	(´)	Parenthèses	(())
Tréma	(¨)	Crochets	([])
		Tiret	(—)

SYLLABES

SONS SIMPLES PRÉCÉDÉS D'UNE ARTICULATION SIMPLE.

ba	be	bi	bo	bu		ab	eb	ib	ob	ub
fa	fe	fi	fo	fu		af	ef	if	of	uf
ga	ge	gi	go	gu		ag	eg	ig	og	ug
la	le	li	lo	lu		al	el	il	ol	ul
ma	me	mi	mo	mu		am	em	im	om	um
na	ne	ni	no	nu		an	en	in	on	un
pa	pe	pi	po	pu		ap	ep	ip	op	up
ra	re	ri	ro	ru		ar	er	ir	or	ur
sa	se	si	so	su		as	es	is	os	us
ta	te	ti	to	tu		at	et	it	ot	ut

LE GRAND LIVRET.

2	2	3	4	5	6	7	8	9	10	11	12	13	14	15	16	17	1
	4	6	8	10	12	14	16	18	20	22	24	26	28	30	32	34	3
3	2	3	4	5	6	7	8	9	10	11	12	13	14	15	16	17	1
	6	9	12	15	18	21	24	27	30	33	36	39	42	45	48	51	5
4	2	3	4	5	6	7	8	9	10	11	12	13	14	15	16	1	
	8	12	16	20	24	28	32	36	40	44	48	52	56	60	64	6	
5	2	3	4	5	6	7	8	9	10	11	12	13	14	15	16	1	
	10	15	20	25	30	35	40	45	50	55	60	65	70	75	80	8	
6	2	3	4	5	6	7	8	9	10	11	12	13	14	1.	16	1	
	12	18	24	30	36	42	48	54	60	66	72	78	84	90	96	10	
7	2	3	4	5	6	7	8	9	10	11	12	13	14	15	1		
	14	21	28	35	42	49	56	63	70	77	84	91	98	105	11		
8	2	3	4	5	6	7	8	9	10	11	12	13	14	1			
	16	24	32	40	48	56	64	72	80	88	96	104	112	12			
9	2	3	4	5	6	7	8	9	10	11	12	13	14	1			
	18	27	36	45	54	63	72	81	90	99	108	117	126	13			
10	2	3	4	5	6	7	8	9	10	11	12	13	14	1			
	20	30	40	50	60	70	80	90	100	110	120	130	140	15			
11	2	3	4	5	6	7	8	9	10	11	12	13	14	1			
	22	33	44	55	66	77	88	99	110	121	132	143	154	16			
12	2	3	4	5	6	7	8	9	10	11	12	13	14	1			
	24	36	48	60	72	84	96	108	120	132	144	156	168	18			
13	2	3	4	5	6	7	8	9	10	11	12	13	1				
	26	39	52	65	78	91	104	117	130	143	156	169	18				
14	2	3	4	5	6	7	8	9	10	11	12	13	1				
	28	42	56	70	84	98	112	126	140	154	168	182	19				
15	2	3	4	5	6	7	8	9	10	11	12	13	1				
	30	45	60	75	90	105	120	135	150	165	180	195	21				
16	2	3	4	5	6	7	8	9	10	11	12	13	1				
	32	48	64	80	96	112	128	144	160	176	192	208	2				

Veut-on savoir combien font 6 fois 15, on pose le doigt sous le nombre en grand chiffres, et, suivant la colonne transversale on s'arrête au nomb supérieur 6; le nombre qui se trouve au-dessous de celui-ci indique le pr duit cherché, qui est 90. On opère de même pour tous les autres nombr